Die schönsten GESCHENKE aus der Küche

Hölker Verlag

O du Köstliche

Im Advent kommen wir zur Ruhe und stimmen uns auf die besinnlichen Feiertage ein. Wir schmücken das ganze Haus mit Tannenzweigen und Lichterketten, erfreuen uns am gemütlichen Kerzenschein und füllen die Speisekammer mit Leckereien für das Weihnachtsfest. Denn wenn der Duft nach frisch gebackenen Plätzchen in der Luft liegt, wir den geschmeidigen Teig für einen Christstollen kneten oder süße Karamellbonbons auf unseren Zungen schmelzen, genießen wir die Weihnachtszeit mit allen Sinnen.

Entdecke mit diesem kulinarischen Adventskalender jeden Tag im Advent ein neues Rezept. Weihnachtliches Gebäck, fruchtig-süße Konfitüren, herzhafte Chutneys und köstliche Liköre versüßen die Vorfreude auf das schönste Fest im Jahr und lassen sich wunderbar verschenken – ob zu Weihnachten, zum Adventskaffee, an Nikolaus oder einfach so zwischendurch an einen lieben Menschen.

Viel Spaß beim Kochen, Backen, Verschenken und Genießen!

Tipps zum Einmachen

**DAMIT DIE SELBST GEMACHTEN KÖSTLICHKEITEN
LANGE FREUDE BEREITEN, GIBT ES BEIM EINMACHEN
EIN PAAR DINGE ZU BEACHTEN:**

⭐ Verwende hitzebeständige Gläser und Flaschen mit luftdicht schließenden Deckeln.

⭐ Sterilisiere die Gläser und Flaschen und die dazugehörigen Deckel vor dem Abfüllen, indem du sie für 10 Minuten in einem Kochtopf mit heißem Wasser auskochst. Lasse sie dann auf einem desinfizierten Tablett oder einem sauberen Geschirrtuch trocknen.

⭐ Fülle die zubereiteten Lebensmittel möglichst heiß in die Gläser. So bildet sich nach dem Verschließen ein Vakuum im Glasinneren und das Eingemachte bleibt lange haltbar. Für das Einfüllen können eine Schöpfkelle und ein Trichter hilfreich sein, mit denen der Inhalt sauber auf die Gläser verteilt werden kann. Kleckst doch einmal etwas auf den Glasrand, sollte dieser mit einem unbenutzten Küchenpapier gesäubert werden, damit der Deckel dicht aufsitzt und sauber schließt.

⭐ Damit die kalten Gläser beim Befüllen mit dem heißen Einmachgut nicht zerspringen, kannst du ein mit warmem Wasser getränktes Geschirrtuch unterlegen.

⭐ Eingemachtes hält sich am längsten, wenn es an einem kühlen und dunklen Ort aufbewahrt wird. So büßt es nicht an Geschmack oder Farbe ein. Geöffnete Gläser sollten stets im Kühlschrank aufbewahrt und der Inhalt nur mit sauberem Besteck entnommen werden.

⭐ Versieh die Einmachgläser nach dem Verschließen mit dem Herstellungsdatum, damit die Beschenkten wissen, bis wann sie die Leckereien aufbewahren können.

1.

Advent

1

Christstollen

FÜR 1 STOLLEN

Für den Stollen:

450 g Rosinen

75 ml Rum

650 g Mehl

75 g frische Hefe

190 ml Milch

35 g Zitronat

5 g Orangeat

3 bittere Mandeln

75 g süße Mandeln

125 g Zucker

1 Pck. Vanillezucker

Abrieb von 1 Bio-Zitrone

10 g Salz

300 g zimmerwarmes Butterschmalz

etwas Butter und Mehl für das Backblech

Für die Glasur:

125 g zerlassene Butter

40 g Zucker

125 g Puderzucker

Am Vorabend die Rosinen mit dem Rum übergießen und abgedeckt ziehen lassen.

Am nächsten Tag das Mehl in eine Schüssel sieben und in die Mitte eine Vertiefung drücken. Die Hefe in etwas zimmerwarme Milch bröseln, darin verquirlen und in die Vertiefung gießen. Etwas Mehl darübergeben und verrühren. Zugedeckt 2 Std. gehen lassen.

Zitronat, Orangeat und beide Mandelsorten grob hacken, Rosinen abgießen. Zusammen mit Zucker, Vanillezucker, Zitronenabrieb, Salz, Butterschmalz und der restlichen Milch zu dem Vorteig geben und gut verkneten. Zugedeckt 3 Std. gehen lassen.

Den Backofen auf 200 °C vorheizen.

Den Teig nochmals gut durchkneten und zu einem länglichen Brot formen, längs etwas einkerben und auf ein gebuttertes, leicht bemehltes Backblech legen. Nochmals 30 Min. gehen lassen. Im vorgeheizten Ofen ca. 1 Std. backen und dann etwas auskühlen lassen.

Für die Glasur den Stollen in 2 Durchgängen mit zerlassener Butter bepinseln und mit Zucker und Puderzucker bestreuen. Sobald der Stollen ausgekühlt ist, fest in Alufolie wickeln und mind. 3 Wochen an einem kühlen Ort (nicht im Kühlschrank!) durchziehen lassen.

Kühl und trocken gelagert hält sich der Stollen ca. 3 Monate.

2

Rosmarin-Chili-Öl

Die hitzebeständige Flasche und den Deckel in einen großen Topf mit Wasser geben. Aufkochen und mindestens 10 Min. kochen lassen. Auf einem desinfizierten Tablett trocknen lassen.

Den Rosmarin abbrausen und trocken tupfen. Die Chilischoten längs halbieren. Die Knoblauchzehe schälen und halbieren.

Das Olivenöl bei mittlerer Temperatur in einem Topf erwärmen (nicht zu heiß werden lassen!). Rosmarin, Chili und Knoblauch zugeben. Nach ca. 3 Min. vom Herd nehmen, abkühlen lassen und in die Flasche füllen. Für 3 Wochen an einen kühlen, dunklen Ort stellen. Nach 3 Wochen das Öl abseihen und in eine sterilisierte Flasche füllen.

Luftdicht verschlossen hält sich das Öl an einem kühlen, dunklen Ort mehrere Monate.

**FÜR 1 FLASCHE
(À 250 ML)**

1 Zweig Rosmarin
2 Chilischoten
1 Knoblauchzehe
250 ml Olivenöl

Spritzgebäck

FÜR 30-35 STÜCK

250 g Mehl

120 g Puderzucker

1 Pck. Vanillezucker

1 Prise Salz

125 g weiche Butter

2 Eier

100 g gemahlene Mandeln

Das Mehl und den Puderzucker in eine große Schüssel sieben, Vanillezucker und Salz einstreuen. Die Butter in Stückchen zugeben, dann die Eier in die Schüssel schlagen. Kräftig kneten, bis der Teig glatt und samtig ist. Die Mandeln einarbeiten, den Teig zu einer Kugel formen, in Klarsichtfolie wickeln und für 30 Min. kalt stellen.

Den Backofen auf 180 °C vorheizen und zwei Backbleche mit Backpapier auslegen.

Mit einem Spritzbeutel mit Sterntülle Kringel und Rosetten aus dem Teig auf das Backblech setzen. In ca. 15 Min. goldgelb backen. Das Spritzgebäck auskühlen lassen.

In einer Dose hält sich das Spritzgebäck bei Zimmertemperatur ca. 2 Monate.

4

Salz-Zitronen

Das hitzebeständige Glas und den Deckel in einen Topf mit Wasser geben. Aufkochen und mindestens 10 Min. kochen lassen. Auf einem desinfizierten Tablett trocknen lassen.

6 Zitronen heiß waschen und abtrocknen. Die Zitronen der Länge nach so einschneiden, dass sie von einem Ende geviertelt sind, am anderen Ende jedoch noch zusammenhalten. Je 1 TL Salz in die Spalten der Zitronen streuen. Die Zitronen dicht an dicht in das Glas geben und dabei etwas zusammendrücken, damit der Saft austritt.

Die letzte Zitrone auspressen und den Saft und das übrige Salz in das Glas geben. In einem Topf Wasser zum Kochen bringen und so viel davon in das Glas gießen, dass die Zitronen bedeckt sind. Das Glas sofort verschließen und an einem kühlen, dunklen Ort 3–4 Wochen ziehen lassen.

Luftdicht verschlossen halten sich die Zitronen kühl und dunkel gelagert mehrere Monate.

FÜR 1 GLAS (À 500 ML)
7 Bio-Zitronen
80 g grobes Meersalz

5

Glühweingewürz

FÜR 1 GLAS (À 50 ML)

1 Bio-Orange
1 Bio-Zitrone
2 Zimtstangen
3 EL brauner Kandiszucker
1 EL Gewürznelken
½ EL Pimentkörner
2 Sternanis

Das hitzebeständige Glas und den Deckel in einen Topf mit Wasser geben. Aufkochen und mindestens 10 Min. kochen lassen. Auf einem desinfizierten Tablett trocknen lassen.

Den Backofen auf 50 °C vorheizen.

Orange und Zitrone heiß waschen, abtrocknen und die Schale in Streifen abschneiden (möglichst ohne den weißen Teil). Die Schalen auf einem mit Backpapier ausgelegten Backblech verteilen und für 2–3 Std. im Backofen trocknen. Wenn die Schalen mit den Fingern zerbröselt werden können, sind sie trocken genug.

Die Zimtstangen in kleine Stücke brechen und zusammen mit den getrockneten Orangen- und Zitronenschalen, dem Kandiszucker und den übrigen Gewürzen in das Glas geben und vermischen.

Luftdicht verschlossen ist das Glühweingewürz ca. 4 Monate haltbar.

TIPP: *Für die Zubereitung eines Glühweins 3 EL der Gewürzmischung in einen Teebeutel geben, 1 l Rotwein erhitzen und den Teebeutel ca. 10 Min. in dem Wein ziehen lassen. Für eine alkoholfreie Variante kann der Rotwein durch Traubensaft ersetzt werden.*

6

Kürbis-Chutney

Das hitzebeständige Glas und den Deckel in einen Topf mit Wasser geben. Aufkochen und mindestens 10 Min. kochen lassen. Auf einem desinfizierten Tablett trocknen lassen.

Die Zwiebel schälen und fein würfeln. Das Öl in einem Topf erhitzen und die Zwiebel darin andünsten.

Kürbis und Apfel schälen, von Kernen befreien und in kleine Würfel schneiden (es werden ca. 160 g Kürbisfleisch benötigt). Den Ingwer schälen und fein hacken. Alle Zutaten in einen Topf geben, aufkochen und ca. 40 Min. köcheln lassen. Sofort in das Glas füllen und verschließen.

Luftdicht verschlossen hält sich das Chutney an einem kühlen, dunklen Ort mehrere Monate.

**FÜR 1 GLAS
(À 300 ML)**

1 Zwiebel

2 EL Rapsöl

250 g Kürbis

1 großer Apfel

*1 Stück frischer Ingwer
(2 cm)*

*Abrieb und Saft
von ½ Bio-Zitrone*

½ TL Zimt

50 g Zucker

1 Prise Salz

Schwedisches Lochbrot

FÜR CA. 20 STÜCK

250 g Weizenmehl

250 g Roggenmehl

½ TL Salz

½ TL Zucker

3 EL geröstete Sesamsamen

1 Würfel frische Hefe

1 EL Zuckerrübensirup

20 g weiche Butter

Die trockenen Zutaten miteinander vermischen. Die Hefe in eine Schale bröseln, 250 ml lauwarmes Wasser und den Zuckerrübensirup zufügen und rühren, bis sich die Hefe aufgelöst hat. Mit der Butter zur Mehlmischung geben und alles zu einem glatten Teig verkneten. Abgedeckt an einem warmen Ort 30 Min. gehen lassen.

Den Teig erneut durchkneten und ca. 3 mm dünn ausrollen. Mit einer Untertasse größere Kreise ausschneiden und in deren Mitte jeweils ein kleines Loch ausstechen. Die Teigkreise mit einer Gabel mehrmals einstechen. Abgedeckt weitere 20 Min. gehen lassen.

Den Backofen auf 180 °C Umluft vorheizen.

Die Brote ca. 15 Min. backen, bis die Oberfläche gebräunt ist.

Luftdicht verschlossen hält sich das Lochbrot an einem kühlen, dunklen Ort mehrere Wochen.

8

Weihnachtliche Bruchschokolade

Die Pistazienkerne hacken. Beide Schokoladensorten fein hacken und getrennt voneinander über dem Wasserbad schmelzen.

Ein Backblech mit Backpapier auslegen. Die weiße Schokolade auf eine Hälfte des Backblechs streichen, die dunkle Schokolade auf die andere. In der Mitte die beiden Schokoladensorten leicht verrühren, sodass ein Marmormuster entsteht.

Die Zartbitterschokolade zügig mit den rosa Pfefferkörnern, die weiße Schokolade mit Himbeeren und Pistazienkernen betreuen. Die Schokolade auf dem Blech auskühlen lassen, dann in Stücke brechen.

Luftdicht verschlossen hält sich die Schokolade mehrere Wochen.

10 g Pistazienkerne
200 g Zartbitterschokolade
200 g weiße Schokolade
10 g rosa Pfefferkörner
10 g gefriergetrocknete
Himbeeren

9

Eingelegte bunte Möhren

**FÜR 1 GLAS
(À 400 ML)**

400 g bunte Möhren

*1 Stück frischer Ingwer
(2 cm)*

2 Knoblauchzehen

1 EL Senfkörner

½ TL Anissamen

½ TL Kreuzkümmelsamen

500 ml Apfelessig

160 g Zucker

½ TL gemahlene Kurkuma

1 EL Salz

½ TL schwarze Pfefferkörner

Das hitzebeständige Glas und den Deckel in einen Topf mit Wasser geben. Aufkochen und mindestens 10 Min. kochen lassen. Auf einem desinfizierten Tablett trocknen lassen.

Die Möhren putzen, schälen und längs in Stifte schneiden. Den Ingwer schälen und in Streifen schneiden. Die Knoblauchzehen schälen.

Die Möhrenstifte in das Glas geben. Senfkörner, Anis- und Kreuzkümmelsamen in einer Pfanne ohne Fett rösten. Anschließend zusammen mit Essig, Zucker, Knoblauch, Ingwer, Kurkuma, Salz und Pfeffer bei mittlerer Hitze in einem Topf kochen, bis der Zucker aufgelöst ist. Die Möhren mit dem heißen Sud bedecken. Das Glas sofort verschließen und vor dem Servieren mind. 1 Woche ziehen lassen.

Luftdicht verschlossen halten sich die Möhren an einem dunklen, kühlen Ort mehrere Monate.

10

Birnenkonfitüre mit Pflaumen

FÜR 4–5 GLÄSER (À 400 G)

1 kg Birnen

350 g Pflaumen

3 EL Birnenbrand (z. B. Williams Christ)

1,5 kg Gelierzucker 1:1

Die hitzebeständigen Gläser und die Deckel in einen Topf mit Wasser geben. Aufkochen und mindestens 10 Min. kochen lassen. Auf einem desinfizierten Tablett trocknen lassen.

Die Birnen schälen, vierteln, vom Kerngehäuse befreien und grob würfeln. Die Pflaumen abbrausen, halbieren und entsteinen. Alles mit 2 EL Birnenbrand mischen und fein pürieren.

In einem großen Topf das Fruchtpüree zusammen mit dem Gelierzucker aufkochen. Unter Rühren ca. 5 Min. sprudelnd weiterkochen lassen. Den Topf vom Herd nehmen und die Konfitüre sofort in die Gläser füllen. Die Deckel mit dem restlichen Birnenbrand ausschwenken und die Gläser damit gut verschließen.

Luftdicht verschlossen hält sich die Konfitüre an einem dunklen, kühlen Ort bis zu 6 Monate.

11

Bratapfel-Likör

Die hitzebeständige Flasche und den Deckel in einen Topf mit Wasser geben. Aufkochen und mindestens 10 Min. kochen lassen. Auf einem desinfizierten Tablett trocknen lassen.

Die Vanilleschote der Länge nach halbieren und mit Apfelsaft, Zitronenabrieb, Nelke, Anis, Zimt und Zucker in einem Topf aufkochen. Die Hitze reduzieren und alles ca. 10 Min. köcheln lassen.

Vom Herd nehmen und den Saft durch ein Sieb gießen, um die Gewürze herauszufiltern. Den Rum zu der gesiebten Flüssigkeit geben und unterrühren. Den Likör in die Flasche füllen und sofort verschließen.

Luftdicht verschlossen hält sich der Bratapfel-Likör an einem kühlen, dunklen Ort mindestens 6 Monate.

FÜR 1 FLASCHE (À 500 ML)

1 Vanilleschote

500 ml Apfelsaft

Abrieb von ½ Bio-Zitrone

1 Gewürznelke

1 Sternanis

1 Zimtstange

100 g Kandiszucker

100 ml brauner Rum

12

Vanillekipferl

FÜR 40–50 STÜCK

Für den Teig:

200 g weiche Butter

1 Vanilleschote

250 g Mehl

100 g gemahlene Mandeln

70 g Zucker

1 Prise Salz

Zum Wälzen:

100 g Puderzucker

90 g Zucker

1 Pck. Vanillezucker

Die Butter in Stückchen schneiden. Die Vanilleschote längs halbieren und das Mark herauskratzen. Mit den Butterstückchen und den restlichen Teigzutaten in einer großen Schüssel zu einem glatten Teig verkneten. Zu einer ca. 5 cm dicken Rolle formen, in Klarsichtfolie wickeln und für 2 Std. kalt stellen.

Den Backofen auf 180 °C vorheizen. Zwei Backbleche mit Backpapier auslegen.

Die Teigrolle in fingerdicke Scheiben schneiden, diese zu Kipferln formen und auf die Backbleche legen. Ca. 10 Min. backen, sie sollen dabei kaum Farbe annehmen.

Während die Kipferl im Ofen sind, Puderzucker, Zucker und Vanillezucker auf einem flachen Teller vermischen. Die noch heißen Kipferl mithilfe von zwei Gabeln behutsam in der Zuckermischung wälzen. Dabei sehr vorsichtig vorgehen, warm sind die Kekse sehr zerbrechlich!

Kühl und trocken gelagert halten sich die Vanillekipferl 3–4 Wochen.

3.

Advent

13

Backmischung für Haselnuss-Schoko-Kekse

FÜR 1 GLAS (À 500 ML)

80 g Haselnusskerne
50 g Zartbitterschokolade
120 g Mehl
30 g gemahlene Haselnüsse
125 g Zucker
1 Prise Salz

Das hitzebeständige Glas und den Deckel in einen Topf mit Wasser geben. Aufkochen und mindestens 10 Min. kochen lassen. Auf einem desinfizierten Tablett vollständig trocknen lassen.

Die Haselnusskerne und die Schokolade getrennt voneinander grob hacken. Schichtweise das Mehl, die gemahlenen Haselnüsse, den Zucker und das Salz in das Glas geben. Zum Schluss die gehackten Haselnüsse und die Schokoladenstückchen zugeben. Das Glas fest verschließen. Die Backmischung hält sich an einem kühlen, trockenen Ort mehrere Monate.

Zum Verschenken eine Rezeptkarte für die Zubereitung anhängen.

Und so werden die Kekse gebacken: 100 g Butter in einem kleinen Topf bei geringer Hitze schmelzen, vom Herd nehmen und etwas abkühlen lassen. 1 Ei und 1 EL Milch in einer Schüssel miteinander verrühren. Die geschmolzene Butter zu der Ei-Milch-Mischung geben und unterrühren. Die Zutaten aus dem Glas zufügen und alles mit den Knethaken des Handrührgerätes gut verkneten. Mit Frischhaltefolie abgedeckt ca. 25 Min. kalt stellen.

Den Backofen auf 200 °C vorheizen. Den Teig mit den Händen zu 15 Talern (Ø ca. 4 cm) formen und mit etwas Abstand auf ein mit Backpapier ausgelegtes Backblech legen. Im Backofen ca. 15 Min. backen.

14

Safran-Orecchiette

Den Grieß in eine Schüssel geben. Den Safran in 200 ml warmes Wasser rühren und unter Rühren nach und nach zu dem Grieß geben. Die Mischung mit den Händen zu einem festen Teig verkneten. In Frischhaltefolie gewickelt mind. 45 Min. ruhen lassen.

Den Backofen auf 60 °C vorheizen. Ein Backblech mit Backpapier auslegen.

Aus dem Teig dünne Rollen (Ø 1–1,5 cm) formen. Mit einem Messer 1–2 cm lange Stücke von den Rollen abschneiden. Zum Formen der Orecchiette jeweils ein Teigstück in die Handfläche legen und mit dem Daumen eine Vertiefung hineindrücken. Die Orecchiette auf das Backblech legen und im Ofen ca. 2 Std. trocknen lassen.

Luftdicht verschlossen halten sich die Nudeln ca. 1 Monat.

TIPP: *Zu den Orecchiette passt das Pistazienpesto von S. 58.*

500 g Hartweizengrieß
0,5 g gemahlener Safran

15

Apfelmus mit Zimt

**FÜR 3 GLÄSER
(À 350 ML)**

1 kg Äpfel

Saft von 1 Zitrone

2 Zimtstangen

3 EL Zucker

Die hitzebeständigen Gläser und die Deckel in einen Topf mit Wasser geben. Aufkochen und mindestens 10 Min. kochen lassen. Auf einem desinfizierten Tablett trocknen lassen.

Die Äpfel schälen, vierteln, vom Kerngehäuse befreien und grob würfeln. Mit 100 ml Wasser, Zitronensaft, Zimtstangen und Zucker in einen Topf geben und 10–15 Min. köcheln lassen. Die Zimtstangen entfernen und die Äpfel pürieren. Das Mus sofort in die Gläser füllen und fest verschließen.

An einem kühlen, dunklen Ort gelagert hält sich das Apfelmus 3–4 Monate.

16

Weihnachtssenf

Die Senfkörner mit Branntweinessig und Apfelwein in eine Schüssel geben und mind. 24 Std. einweichen lassen.

Das hitzebeständige Glas und den Deckel in einen Topf mit Wasser geben. Aufkochen und mindestens 10 Min. kochen lassen. Auf einem desinfizierten Tablett trocknen lassen.

Die eingeweichten Senfkörner samt der Flüssigkeit mit dem Stabmixer grob pürieren. Den Ingwer fein hacken und mit Orangenabrieb, Honig, Kardamom und Chiliflocken zu der Senfmischung geben. Gut verrühren und in das Glas füllen.

Luftdicht verschlossen hält sich der Senf an einem kühlen Ort mind. 3 Monate.

FÜR 1 GLAS (À 300 ML)

100 g weiße Senfkörner

140 ml Branntweinessig

100 ml Apfelwein

50 g kandierter Ingwer

Abrieb von 1 Bio-Orange

2 TL Honig

2 TL gemahlener Kardamom

1 Msp. Chiliflocken

17

Lebkuchen-Karamellbonbons

FÜR CA. 25 BONBONS

200 g Zucker

1 EL Traubenzucker

100 ml Ahornsirup

200 ml Sahne

2 EL Butter

2 TL Lebkuchengewürz

Abrieb von 1 Bio-Orange

Den Zucker mit Traubenzucker, Ahornsirup und 50 ml Wasser in einem Topf verrühren, bei starker Hitze aufkochen und bei mittlerer Hitze ca. 8 Min. kochen lassen, bis die Mischung goldbraun ist.

Inzwischen die Sahne in einem zweiten Topf erhitzen, die Butter darin schmelzen lassen. Eine rechteckige, flache Form (ca. 12 x 18 cm) mit Backpapier auslegen. Die Buttersahne unter die Zuckermasse rühren und alles 30–35 Min. kochen lassen, bis eine goldbraune Karamellmasse entstanden ist, dabei gelegentlich umrühren.

Das Lebkuchengewürz und den Orangenabrieb untermischen. Die Karamellmasse ca. 1,5 cm hoch in die Form füllen und fest werden lassen. Das Lebkuchen-Karamell auf Backpapier stürzen und das Papier abziehen. Das Karamell in mundgerechte Stücke brechen.

Luftdicht verschlossen halten sich die Lebkuchenbonbons an einem kühlen Ort mindestens 1 Monat.

18

Spekulatius-Granola

Das hitzebeständige Glas und den Deckel in einen Topf mit Wasser geben. Aufkochen und mindestens 10 Min. kochen lassen. Auf einem desinfizierten Tablett trocknen lassen.

Den Backofen auf 200 °C vorheizen und ein Backblech mit Backpapier auslegen.

Die Spekulatiuskekse in kleine Stücke brechen. Die Mandeln grob hacken.

Spekulatiusstücke und gehackte Mandeln in einer Schüssel mit Haferflocken, Salz und Zimt vermengen. Das Kokosöl in einem kleinen Topf leicht erwärmen, um es zu schmelzen. Geschmolzenes Öl mit Honig und Vanille verrühren und über die Haferflockenmischung geben. Gründlich vermischen und gleichmäßig auf dem Backblech verteilen. In ca. 15–20 Min. leicht goldbraun backen. Zwischenzeitlich wenden. Das Granola aus dem Ofen holen und abkühlen lassen.

Die Cranberrys untermischen und in das Glas füllen.

Luftdicht verschlossen hält sich das Granola ca. 1 Monat.

FÜR 1 GLAS (À 1 L)

80 g Spekulatiuskekse

100 g Mandeln

350 g kernige Haferflocken

1 TL Salz

¼ TL Zimt

100 g Kokosöl

80 g Honig

½ TL gemahlene Vanille

50 g getrocknete Cranberrys

4.

Advent

19

Dattel-Relish

**FÜR 1 GLAS
(À 500-750 ML)**

500 g Tomaten

200 g entsteinte Datteln

4 rote Zwiebeln

*1 Stück frischer Ingwer
(2 cm)*

75 ml Rotweinessig

1 Msp. Chilipulver

150 g brauner Zucker

Salz

Das hitzebeständige Glas und den Deckel in einen Topf mit Wasser geben. Aufkochen und mindestens 10 Min. kochen lassen. Auf einem desinfizierten Tablett trocknen lassen.

Die Tomaten waschen, putzen, vom Stielansatz befreien und würfeln. Die Datteln grob hacken. Die Zwiebeln schälen und würfeln. Den Ingwer schälen und fein hacken.

Tomaten, Datteln, Zwiebeln und Ingwer zusammen mit Essig, Chilipulver und Zucker in einem Topf aufkochen. 30–40 Min. bei mittlerer Hitze unter Rühren köcheln lassen, bis die Mischung eindickt. Mit Salz abschmecken. Das Relish noch heiß in das Glas füllen.

Luftdicht verschlossen und an einem kühlen, dunklen Ort gelagert hält das Relish mehrere Monate.

20

Marzipankugeln

Für die dunklen Kugeln die Marzipanrohmasse mit dem Puderzucker und dem Amaretto verkneten. Aus der Masse ca. 25 kleine Kugeln rollen und für 30 Min. ins Eisfach geben. Die Zartbitterschokolade grob hacken und mit dem Kokosöl über einem Wasserbad schmelzen. Die Kugeln mit einer Gabel in die Schokolade tauchen und zum Trocknen auf Backpapier setzen.

Für die hellen Kugeln die Aprikosen fein hacken. Die gehackten Aprikosen mit der Marzipanrohmasse, dem Puderzucker und dem Amaretto verkneten. Die Masse ebenfalls zu ca. 25 kleinen Kugeln rollen und für 30 Min. ins Eisfach geben. Die weiße Schokolade grob hacken und mit dem Kokosöl über einem Wasserbad schmelzen. Die Kugeln mit einer Gabel in die Schokolade tauchen und zum Trocknen auf Backpapier setzen.

Gut verpackt halten sich die Marzipankugeln an einem kühlen, trockenen Ort mindestens 2 Wochen.

FÜR CA. 50 KUGELN

Für die dunklen Kugeln

200 g Marzipanrohmasse

20 g Puderzucker

1 EL Amaretto

150 g Zartbitterschokolade

10 g Kokosöl

Für die hellen Kugeln

100 g getrocknete Aprikosen

100 g Marzipanrohmasse

20 g Puderzucker

1 EL Amaretto

150 g weiße Schokolade

10 g Kokosöl

21

Orangen-Balsamico

**FÜR 1 FLASCHE
(À 250 ML)**

1 Bio-Orange

30 g Zucker

250 ml weißer Balsamico

Die hitzebeständige Flasche und den Deckel in einen Topf mit Wasser geben. Aufkochen und mindestens 10 Min. kochen lassen. Auf einem desinfizierten Tablett trocknen lassen.

Die Orange heiß waschen, abtrocknen und die Schale in Streifen abschneiden (möglichst ohne den weißen Teil). Die Orangenschale in die Flasche geben. Die Orange auspressen und den Saft auffangen.

Den Zucker in einem Topf unter Rühren karamellisieren lassen. Orangensaft und Balsamico zugeben und ca. 15 Min. köcheln lassen. Vom Herd nehmen und auskühlen lassen. Den ausgekühlten Balsamicosud über die Orangenschale gießen und die Flasche fest verschließen.

Den Balsamico ca. 24 Std. ziehen lassen, dann abseihen und in eine sterilisierte Flasche füllen.

Luftdicht verschlossen hält sich der Balsamico an einem kühlen, dunklen Ort mehrere Monate.

TIPP: *Zusammen mit etwas Olivenöl eignet sich der Orangen-Balsamico besonders gut für ein fruchtiges Salatdressing.*

22

Baumkuchenwürfel

Den Backofen auf 250 °C vorheizen. Eine Kastenform (ca. 25 cm Länge) mit Backpapier auslegen.

Für den Teig die Eier trennen. Die Vanilleschote der Länge nach halbieren und das Mark herauskratzen. Die Eiweiße mit der Prise Salz in einer Schüssel steif schlagen. In einer zweiten Schüssel Butter, Zucker, Vanillemark und Vanillezucker schaumig rühren. Nach und nach die Eigelbe unterrühren. In einer dritten Schüssel Mehl, Speisestärke und Backpulver mischen. Die Mischung nach und nach unter die Butter-Zucker-Ei-Mischung rühren. Anschließend den Eischnee unterheben.

4 EL Teig in die Form geben und glatt streichen. Ca. 2 Min. im Ofen goldbraun backen. Eine weitere Schicht Teig in die Form geben und ebenfalls für ca. 2 Min. goldbraun backen. Wiederholen, bis der Teig aufgebraucht ist. Dann den Kuchen aus der Form stürzen und auskühlen lassen.

Für die Glasur Kuvertüre und Kokosöl über dem Wasserbad schmelzen. Den Kuchen in etwa 15 gleichmäßige Würfel schneiden und diese rundherum mit der Glasur bestreichen.

Luftdicht verschlossen halten sich die Baumkuchenwürfel an einem kühlen Ort ca. 2 Wochen.

FÜR CA. 15 STÜCK

Für den Teig:

4 Eier

1 Vanilleschote

1 Prise Salz

125 g weiche Butter

125 g Zucker

1 Pck. Vanillezucker

90 g Mehl

50 g Speisestärke

½ Pck. Backpulver

Für die Glasur:

300 g Kuvertüre

10 g Kokosöl

23

Pistazienpesto

**FÜR 1 GLAS
(À 200 ML)**

50 g Pinienkerne

½ Bund Basilikum

½ Bund Minze

1 Knoblauchzehe

*100 g geröstete und
gesalzene Pistazienkerne*

2 EL Zitronensaft

150 ml Olivenöl

Salz

Pfeffer

Das hitzebeständige Glas und den Deckel in einen Topf mit Wasser geben. Aufkochen und mindestens 10 Min. kochen lassen. Auf einem desinfizierten Tablett trocknen lassen.

Die Pinienkerne in einer Pfanne ohne Fett goldbraun rösten. Basilikum und Minze abbrausen, trocken tupfen und die Blättchen abzupfen. Knoblauch schälen.

Pinienkerne, Basilikum, Minze, Knoblauch, Pistazien, 1 EL Zitronensaft und 75 ml Olivenöl im Mixer pürieren. Restliches Öl und Zitronensaft zugeben und mit Salz und Pfeffer würzen.

Das Pesto in das Glas füllen. Dabei 1–2 cm Platz bis zum Rand lassen. Das Glas fest verschließen und in einen Topf stellen. Den Topf mit so viel Wasser füllen, dass das Glas zu drei Vierteln im Wasser steht. 30 Min. köcheln lassen, dann das Glas herausholen, auf den Kopf stellen und auskühlen lassen.

Luftdicht verschlossen hält sich das Pesto an einem dunklen, kühlen Ort mehrere Monate.

24

Italienisches Weihnachtsbrot

In einem kleinen Topf Butter und Milch erwärmen, bis die Butter schmilzt. Abkühlen lassen.

Das Mehl in eine Schüssel sieben und mit Zucker und Salz vermischen. Eine Mulde in das Mehl drücken, die Hefe hineinbröseln und 3 EL der Milchmischung zugeben. Ca. 15 Min. abgedeckt gehen lassen, anschließend mit der restlichen Milch zu einem glatten Teig verkneten und diesen wiederum abgedeckt ca. 30 Min. an einem warmen Ort gehen lassen.

Schokolade, Orangeat, Zitronat und Nüsse grob hacken. Den Teig erneut kräftig durchkneten, dabei Schokolade, Orangeat, Zitronat und Orangenabrieb einarbeiten. Eine Panettone-Form oder kleine Gugelhupfform (Ø 22 cm) einfetten, den Teig einfüllen und abgedeckt noch einmal ca. 15 Min. gehen lassen.

Den Backofen auf 180 °C vorheizen.

Das Weihnachtsbrot auf der mittleren Schiene ca. 30 Min. backen. Das Eigelb mit 1 EL Milch verrühren und die Oberfläche des Kuchens damit einpinseln. Auf der untersten Schiene in 15 Min. fertig backen. Abkühlen lassen und großzügig mit Puderzucker bestäuben.

Kühl und trocken gelagert hält sich das Weihnachtsbrot ca. 6 Wochen.

FÜR 1 BROT

50 g Butter
plus etwas für die Form

300 ml Milch
plus 1 EL zum Bepinseln

450 g Mehl

80 g Zucker

1 Prise Salz

20 g frische Hefe

100 g Zartbitterschokolade

50 g Orangeat

50 g Zitronat

30 g Haselnüsse

Abrieb von
1 Bio-Orange

1 Eigelb

Puderzucker
zum Bestäuben

FOTOGRAFIE

Die Wienerin Julia Stix arbeitet heute, nach einigen Jahren im Dienst der Tageszeitung „Die Presse", als freiberufliche Fotografin. Als leidenschaftliche Köchin liebt sie es, Essen bildlich in seiner vollen Pracht darzustellen, und ist für die fotografische Umsetzung zahlreicher Kochbücher verantwortlich. Julia Stix veröffentlicht ihre Arbeiten regelmäßig in österreichischen und internationalen Magazinen.

FOODSTYLING

Eva Fischer hat in der Steiermark Gesundheitsmanagement studiert, ist ausgebildete Food-Fotografin, -Stylistin, -Bloggerin, Ernährungscoach und Rezeptentwicklerin. Für ihren beliebten Blog www.foodtastic.at wurde sie mehrfach mit Awards ausgezeichnet.

5 4 3 2 1   25 24 23 22 21
ISBN 978-3-88117-255-4

Foodfotografie: Julia Stix
Foodstyling: Eva Fischer
Layout und Satz: Stefanie Wawer
Redaktion: Nele Drescher
Litho: FSM Premedia GmbH & Co. KG, Münster